AF235882

Gewaltfreie Kommunikation mit Kindern

Die Sprache der Harmonie in der Kindererziehung

Wie Sie Ihr Kind ohne Schimpfen und Schreien erziehen und eine liebevolle Eltern-Kind-Beziehung aufbauen

Emma Hofmann

INHALT

Das erwartet Sie in diesem Buch

Ein weiterer Tag ist vergangen, Ihr Kind liegt endlich im Bett und Sie fühlen sich ausgelaugt, frustriert, einfach erschöpft. Kleine Kämpfe, Diskussionen und harsche Worte sind an der Tagesordnung – wie sollte man auch sonst sein Kind bändigen? Vielleicht kommt Ihnen dieses Szenario sehr bekannt vor. Doch keine Sorge, damit sind Sie nicht allein. Vor allem gibt es Wege, die zu einer gewaltfreien Kommunikation und somit zu einer harmonischen Atmosphäre in Ihrem Heim führen. Lernen Sie die theoretischen Grundlagen der gewaltfreien Kommunikation kennen, die auf der Theorie des Psychologen Marshall B. Rosenberg beruhen. Reflektieren Sie mithilfe dieses Buchs anschließend Ihre eigenen Verhaltensweisen und die Ihres Kindes. Der letzte Teil des Ratgebers bietet einen schnellen Überblick über Fragen, die die meisten Eltern häufig beschäftigen.

Hierbei werden anhand lebensnaher Beispiele Probleme illustriert, aber auch mögliche Lösungsansätze diskutiert. Nicht nur auf die Eltern-Kind-Beziehung wird eingegangen, sondern auch auf das Geschwisterverhältnis, das zum ganzheitlichen Konzept der gewaltfreien Kommunikation gehört. Zudem stellt der Ratgeber praktische Hilfsmittel vor, die Ihren Alltag vereinfachen und einen bewussteren Umgang in der Familie fördern.

Letztlich soll dieser Ratgeber eine Orientierung bieten, wenn Sie zu Hause ein friedvolles Miteinander erleben möchten – und das auf Dauer.

Was ist gewaltfreie Kommunikation?

KONZEPT

Ist Ihnen dieser Begriff schon einmal begegnet, konnten sich aber wenig darunter vorstellen? Bei der gewaltfreien Kommunikation handelt es sich um einen Ansatz des bekannten US-amerikanischen Psychologen Marshall B. Rosenberg, der eine konfliktfreie und friedliche Art der Kommunikation propagierte.

Seine Theorie lässt sich als eine Grundhaltung im Umgang der Menschen untereinander beschreiben, mit besonderem Fokus auf der Verarbeitung zwischenmenschlicher Konflikte. Dazu gehört beispielsweise, dass diese friedlich gelöst werden können und nicht zwangsläufig in einem Streit oder in passiv-aggressivem Verhalten enden müssen. Stattdessen stehen Achtsamkeit, Respekt und Wertschätzung im Vordergrund der Kommunikation.

Somit geht es nicht primär um wortwörtliche und physische „Gewalt". Der Begriff der *bewussten Kommunikation* trifft es recht gut. Der Aspekt der Reflexion und des Hinterfragens wird hierbei herausgestellt, also:

• Warum verhalte ich mich so und tut es mir selbst und meiner Umgebung gut?

Wichtige Fragen sind zudem:

• Wie drücke ich meine eigenen Gefühle aus? Erkenne ich diese überhaupt?

• Kann ich auf meine Mitmenschen zugehen? Wie schafft man gegenseitiges Verständnis?

• Signalisiere ich meinen Mitmenschen Wertschätzung und Anerkennung?

Und letztlich:

• Wie schaffe ich eine harmonische Atmosphäre in meinem Zuhause?

DIE SPRACHE DER GIRAFFEN

Was fällt Ihnen zuerst auf, wenn Sie an eine Giraffe denken? Mit Sicherheit ist es ihr langer Hals, der sie unter den Säugetieren auszeichnet. Aber auch ein zweites Merkmal macht sie zu etwas Besonderem: Unter den Landsäugern hat sie das größte Herz.

Der Psychologe Rosenberg nutzt die Giraffe als Symbol, um das Prinzip der gewaltfreien Kommunikation zu verbildlichen:

• Der lange Hals steht für Weitsicht. Er ermöglicht es der Giraffe, vorausschauend und reflektierend zu agieren. Somit lässt sie sich nicht von Impulsen oder negativen Gefühlen wie Wut oder Trauer überwältigen, die häufig zu einer unbeabsichtigten Verletzung unserer Mitmenschen führen. Wir werden in bestimmten Situationen „blind" und sehen nicht, welche Auswirkungen unser Denken und Handeln haben. Im Nachhinein bereuen wir unser Verhalten häufig, wir leiden an einem schlechten Gewissen und verletzen uns damit auch selbst. Dem tritt die Giraffe entgegen.

• Das große Herz der Giraffe symbolisiert Mitgefühl und Empathie. Ohne diese Eigenschaften ist ein gelungener Kommunikationsprozess nicht möglich. Beide Parteien müssen bereit sein, einander aufrichtig und mit offenem Herzen zuzuhören. Rosenberg beschreibt diesen Prozess als ein „Leeren des Verstandes und ein Zuhören mit dem ganzen Wesen", also eine völlige Konzentration auf den Gesprächspartner. Dies bedingt auch eine Abkehr von egoistischen Denk- und Verhaltensweisen. Auch betont das große Herz, wie wichtig es ist, unsere Emotionen offen zu zeigen und sie zu kommunizieren.

Der Giraffe gegenüber steht der Wolf. Er hat spitze, gefährliche Zähne, mit denen er sein Umfeld verletzen kann. Genau dies tun wir im übertragenen Sinne, wenn unsere Sprache und unser Verhalten hart und kalt sind.

Es wäre einfach, Giraffe und Wolf als Gegenspieler oder gar Feinde darzustellen, aber genau dies wollen wir bewusst nicht tun. Jeder Mensch trägt einen Teil der beiden Tiere in sich, in jedem Menschen ist ein Teil dominanter als der andere. Wir streben das Verhalten der Giraffe zwar an, möchten den Wolf in uns aber nicht verurteilen.

Denn der Wolf muss nicht zwangsläufig „böse" sein. Auch er hat nachvollziehbare Gefühle, die sein Handeln erklären können. In manchen Situationen sprechen wir die Sprache des Wolfs, um uns selbst zu schützen, weil wir unsicher sind oder uns angegriffen fühlen. Aus diesem Reflex der Selbstverteidigung wird jedoch schnell selbst ein Angriff. Möglich ist aber auch, dass der Wolf sich eine bestimmte Art der Kommunikation antrainiert hat und es ihm nun unheimlich schwerfällt, diese abzulegen. Vielleicht fällt ihm selbst bereits auf, welche negativen Auswirkungen sein Verhalten auf seine Umwelt hat. Aber er kann nicht „aus seiner Haut heraus", wie es ein Sprichwort so treffend formuliert.

Wichtig ist, diese Verhaltensmuster zu erkennen, insbesondere bei uns selbst. Es gibt mit Sicherheit Gründe für das Verhalten, allerdings sollten diese Gründe nicht zur Rechtfertigung dienen, sondern bloß als Erklärung und zum gegenseitigen Verständnis. So kann gemeinsam an den Schwachstellen der Kommunikation gearbeitet werden. Ein Wolf muss also nicht immer bleiben, was und wie er ist. Auch er ist fähig, die Sprache der Giraffe zu erlernen.

Dieser Ratgeber richtet sich an Sie als Eltern, nicht an Ihre Kinder. Dennoch ist das Konzept der gewaltfreien Kommunikation nicht einseitig angelegt. Nutzen Sie die Beispiele von Giraffe und Wolf, um insbesondere Ihren jüngeren Kindern die Wichtigkeit einer offenen und friedlichen Kommunikation zu erklären. Nutzen Sie keine Fachbegriffe, sondern halten Sie es so einfach und verständlich wie möglich. Es ist sinnvoll, eine passende Geschichte zu erzählen und Kuscheltiere oder Handpuppen zu integrieren, damit die Tiersymbolik im Gedächtnis des Kindes bleibt. Auch in Alltags- und Konfliktsituationen können diese Beispiele aufgegriffen werden. Stellen Sie Ihrem Kind Fragen wie diese:

• Wann verhalten wir uns wie eine Giraffe, wann wie ein Wolf?

• Warum tut der Wolf seinen Mitmenschen weh?

• Wie würde sich eine Giraffe in dieser Situation verhalten?

So üben Sie spielerisch schon mit den Kleinsten einen Reflexionsprozess ein, der für sie im besten Falle selbstverständlich wird.

DIE VIER ASPEKTE DER GEWALTFREIEN KOMMUNIKATION

Vier verschiedene Komponenten prägen die gewaltfreie Kommunikation. Insbesondere zu Beginn ist es sehr hilfreich, diesen vierteiligen Ablauf während jeder Interaktion gedanklich durchzugehen. In einem Gespräch verlieren wir schnell den Überblick, nehmen die Signale unseres Gegenübers falsch auf und senden selbst ebenfalls unbewusste Signale, die wir vielleicht nicht in dieser Form ausdrücken möchten. Es fehlt an einem *Bewusstsein* für die eigene Kommunikation.

Das Beobachten der Situation:

Zunächst nehmen wir ohne Beurteilung und Bewertung eine Situation wahr. Im Normalfall bricht sofort eine Vielzahl von Gefühlen und Gedanken auf uns herein, die uns eine neutrale Sicht schwermacht. Der Schritt des einfachen Beobachtens und Beschreibens wird hingegen übergangen. Diese subjektive Wahrnehmung ist menschlich, kann uns jedoch auch schnell fehlleiten. Versuchen Sie deshalb, die übergeordnete und ruhige Stellung des Betrachters einzunehmen, auch, wenn Sie mitten im Geschehen sind. Präzisieren Sie auch möglichst genau, um

Verallgemeinerungen und daraus resultierende Fehleinschätzungen zu vermeiden. Aus der Erkenntnis, dass Jonas schlecht gelaunt ist, können Sie nur schwer weitere Schlüsse ziehen. Stattdessen versuchen Sie, Symptome neutral zu beschreiben: Vielleicht antwortet Jonas nicht auf unsere Fragen, verschränkt seine Arme und weigert sich, an einer gemeinsamen Aktivität teilzunehmen. Dies sind zunächst einfache Beobachtungen, die Jonas' Gefühle noch nicht vorwegnehmen.

Hinterfragen Sie Ihre eigene Einschätzung kritisch. Auch, wenn wir um Objektivität bemüht sind, trickst uns das Unterbewusstsein schnell aus. Um dies zu verhindern, können Sie sich folgende Fragen stellen, bevor Sie Ihre Beobachtungen teilen:

- Was habe ich gehört und gesehen?
- Wie kann ich meine Wahrnehmung präzisieren?
- Sind mir eventuell wichtige Details entgangen?
- Wie viel Einfluss hat meine individuelle Sichtweise?

Das Benennen von Gefühlen:
Im zweiten Schritt des Schemas verbalisieren wir unsere Emotionen. Auch hierbei gehen wir im Alltag oft sorglos mit unserer Wortwahl um und drücken

unsere Gefühle nicht exakt aus. Es ist sehr wichtig, dass Sie einerseits zwischen persönlichen Gefühlswörtern unterscheiden und andererseits zwischen Wörtern, die beschreiben, was wir von uns denken und was angeblich über uns gedacht wird.

Der Satz „Ich bin frustriert und wütend" drückt Ihre Empfindung aus und hat somit eine Berechtigung. Der Satz „Ich fühle mich nicht wertgeschätzt" beschreibt nicht Ihr Gefühl, sondern ist letztlich ein versteckter Angriff.

Sie greifen, wenn auch unbeabsichtigt, in den Bereich Ihrer Mitmenschen ein, die vielleicht aufnehmen: „Ihr schätzt mich nicht wert, weshalb ich traurig bin." So wird aus einem vordergründigen Gefühlsausdruck schnell ein Vorwurf. Es geht nicht mehr darum, wie Sie sich fühlen, sondern um eine Einschätzung Ihrerseits, was Sie meinen, wie Sie in den Augen anderer sind und wie Sie behandelt werden. Rosenberg bezeichnet dies auch als ein sogenanntes Pseudo-Gefühl. Fragen Sie sich:

- Nehme ich anderen ihre Gefühle vorweg?
- Kommuniziere ich ausschließlich mithilfe von Ich-Botschaften?
- Kann ich zwischen meinen tatsächlichen Gefühlen und meinen Pseudo-Gefühlen unterscheiden?

Selbstverständlich laufen diese Grenzüberschreitungen innerhalb eines Gesprächs unbeabsichtigt ab. Doch genau deshalb ist es elementar, auf einen bewussten Sprachgebrauch zu achten und die verschiedenen Ebenen des Gefühlsausdrucks klar zu trennen.

Natürlich können Sie aber trotzdem frei äußern, wenn Sie wie in dem oben genannten Beispiel einen Wunsch nach mehr Wertschätzung und Anerkennung verspüren. „Ich bin frustriert, weil ich gern mehr Wertschätzung erfahren möchte." Dieser Satz ist vollkommen auf Sie selbst und Ihre Gefühlswelt bezogen und damit frei von versteckten Urteilen und Angriffen.

Das Ausdrücken unseres Bedürfnisses:
Hinter jedem einzelnen Gefühl stehen vielfältige Bedürfnisse, allerdings ist es nicht immer leicht, diese zu entschlüsseln. Dies trifft insbesondere zu, wenn wir ungeübt im Umgang mit ihnen sind.

Es ist immer eine konkrete Situation, die verantwortlich für Ihr Gefühl ist. Gelegentlich fällt es uns jedoch schwer, den Zusammenhang zwischen unserer Emotion und unserer Situation herzustellen. „Ich fühle mich traurig, *weil* in dieser Situation eines meiner Bedürfnisse nicht erfüllt wurde." Es wird häufig vergessen, diese Brücke zu schlagen. Deshalb fühlen wir uns in einem Streitgespräch nicht gut, können aber dieses negative Gefühl nicht weiter einordnen. Die Folge ist eine emotionale Überforderung, die es uns nicht möglich macht, die vorliegende Situation und unsere Gefühle klar einzuordnen.

Andererseits ist es aber auch wichtig, Emotion und Situation voneinander klar zu unterscheiden. Sie bedingen einander, sind aber nicht dieselbe Sache. „Dieses Geschehnis oder diese Person macht mich traurig." Mit dieser Aussage geraten Sie in eine Sackgasse, da nicht erkannt wird, dass Sie selbst für Ihr Gefühl verantwortlich sind. Ihre äußere Umwelt hat damit zunächst nichts zu tun.

Stellen Sie sich beispielsweise vor, dass ein enger Freund eine Verabredung mit Ihnen vergisst. Sie haben diesen Freund schon einige Monate nicht gesehen, was Sie sehr schade finden. Sie schätzen ihn. Wie reagieren Sie auf dieses Szenario?

Vielleicht fühlen Sie sich verletzt, denn Sie haben das Bedürfnis, die Zuneigung und die Wertschätzung der anderen Person zu verspüren, die Sie ihr entgegenbringen. Nun stellen Sie sich vor, dass Sie einen stressigen Tag hinter sich haben. Ein weit entfernter Bekannter kündigt sich spontan bei Ihnen zu Hause an, vergisst diese Verabredung jedoch. Sehr wahrscheinlich unterscheidet sich Ihre Reaktion von der im vorangegangenen Beispiel. Vielleicht löst der Vorfall kein intensives Gefühl in Ihnen aus, Sie stehen der Sache gleichgültig gegenüber. Eventuell sind Sie sogar erleichtert, nach einem anstrengenden Tag endlich Zeit für sich allein zu haben.

Doch woran liegt dies? Betrachten wir die Tatsachen, liegt eine sehr ähnliche Situation vor: Ein Mensch hält sich nicht an eine Abmachung und vergisst ein Treffen mit Ihnen.

Das Beispiel verdeutlicht gut, dass unsere Emotionen weitgehend losgelöst von unserer Umwelt entstehen, nämlich in der Psyche eines jeden Menschen. Auch hier sehen wir wieder, wie verallgemeinernd und wenig hilfreich Sätze wie „Du machst mich wütend" oder „Dieser Mensch hat mich verletzt" sind. Nicht das Verhalten der anderen Beteiligten, nicht ein Geschehnis an sich löst unser Gefühl aus, sondern unsere Bedürfnisse. Je nachdem, ob diese Bedürfnisse erfüllt sind oder nicht, reagieren wir positiv oder negativ.

Zunächst denken Sie über die grundsätzlichen Bedürfnisse nach, die Sie haben. So gut wie alle Menschen verspüren den Wunsch nach universellen Bedürfnissen wie Akzeptanz, Sicherheit oder Wertschätzung. Allerdings gibt es auch individuellere Bedürfnisse, die vielleicht in hohem Maße erfüllt sein müssen, damit es Ihnen gut geht. Bei anderen Menschen verhält es sich gegenteilig. Wie wichtig ist Ihnen beispielsweise Ruhe und Zeit allein oder aber die Möglichkeit zu einem kreativen Ausdruck? Beantworten Sie für sich folgende Fragen:

- Welche Wünsche und Erwartungen habe ich?
- Welche ethischen und moralischen Grundsätze prägen mein Denken und sind mir besonders wichtig?
- Wo finden meine verschiedenen Bedürfnisse ihre jeweilige Erfüllung?

Anschließend beobachten Sie Ihre konkrete Situation. So können Sie die Diskrepanz zwischen dieser und Ihren Bedürfnissen feststellen. Möglicherweise fühlt sich ein Mensch überfordert, wenn er die ganze Hausarbeit allein erledigen muss, vielleicht aber auch frustriert oder deprimiert. So arbeiten Sie lösungsorientiert und identifizieren Ihr Problem.

Wichtig ist auch: Sie selbst sind für Ihre Gefühlswelt verantwortlich, also auch für Ihr Wohlergehen. Dieses Wohlergehen ist konkret der Einklang von Gefühl und Bedürfnis. Diese Faktoren zu identifizieren ist eine Aufgabe, die Ihnen niemand abnehmen kann.

Das Bitten:

Anschließend können Sie zu dem letzten Schritt der gewaltfreien Kommunikation übergehen: das Verbalisieren Ihrer Erkenntnisse. Benennen Sie Ihre Bedürfnisse so genau wie möglich, so erleichtern Sie Ihrem Gesprächspartner das Verständnis und Sie verhindern die Entstehung von Missverständnissen. Folgende Aspekte können Sie unterstützen:

• Was erwarte ich von meinen Mitmenschen?
• Lassen sich diese Wünsche so erfüllen, dass es allen Beteiligten gut damit geht?
• Was können wir beide tun, um unsere Lebensqualität zu steigern?

Es gilt dabei, ein Gleichgewicht zwischen Ihnen selbst und Ihrem Gegenüber zu finden: Einerseits Ihr Wohlergehen und die Erfüllung Ihrer Bedürfnisse, andererseits die Kommunikation dieser, ohne den anderen unter Druck zu setzen. Achten Sie darauf, keine Forderungen zu äußern, um keinen Druck auszulösen. Eine tatsächliche Bitte lässt der anderen Person immer die Möglichkeit, frei nein sagen zu können.

Um ein schlechtes Gewissen oder emotionalen Druck zu verhindern, sollten beide Parteien darauf achten, dies deutlich zu kommunizieren. „Du entscheidest unabhängig von mir." Das bedeutet auch, dass Sie ein Nein Ihres Gegenübers annehmen und seine Entscheidung akzeptieren. Ihr Bereich ist es, Ihren Wunsch zu artikulieren, doch die Reaktion Ihres Gesprächspartners ist allein seine Angelegenheit.

Dennoch ist es in den meisten Fällen möglich, trotz eines Neins eine gemeinsame Lösung zu finden. Nun liegt es an Ihrem Gegenüber, die vier Schritte durchzugehen: Er beobachtet, benennt, drückt aus und bittet wie Sie zuvor. So lässt sich gemeinsam herausfinden, was sensible Punkte und Sackgassen in Ihrer Kommunikation sind und auch, was die andere Person davon abhält, ja zu sagen. Stellen Sie sich diese Fragen:

• Schaffe ich es, eine Balance zwischen der anderen Person und mir zu finden?
• Gebe ich auch meinem Gesprächspartner die Chance, sich zu äußern?
• Habe ich meine Bitte möglichst präzise und verständlich ausgedrückt?

Seien Sie kompromissbereit. Rücken Sie Ihre eigenen Gefühle nicht in den Hintergrund, stufen Sie aber auch auf gar keinen Fall die Ihres Gesprächspartners ab. Wenn Sie sich auf Augenhöhe begegnen und Einfühlsamkeit und Empathie zeigen, wird es Ihnen viel leichter fallen, eine Lösung ohne vorangehenden Streit zu finden.

Zusammengefasst gehen Sie also immer nach diesem Schema vor:

- neutrale und ruhige **Beobachtung** der Situation
- **Benennung** unserer Gefühle
- **Ausdruck** unserer Bedürfnisse
- **Bitte** an unseren Gesprächspartner.

Gewaltfreie Kommunikation mit Kindern

Übertragen wir diesen Ansatz auf den Umgang mit unseren Kindern, stellen uns aber zunächst einmal einige alltägliche Episoden aus dem elterlichen Leben vor:

Es fängt bereits am Morgen an. Sie sind gestresst, müssen möglicherweise das Haus verlassen und Ihr Kind trödelt im Badezimmer. Wie schnell verliert man in dieser Situation die Geduld und auch einige böse Worte? Einige Stunden später am Mittagstisch: Eine lange Diskussion entbrennt, ob das grüne Gemüse zumindest einmal probiert wird.

Nicht zu vergessen die Streitereien unter Geschwisterkindern, die man täglich mehrmals schlichten muss. Und dann, das Kind müsste schon längst im Bett liegen, die letzte Katastrophe des Tages: Das geliebte Kuscheltier ist nicht an seinem angestammten Platz, Tränen und Geschrei folgen...

Zumindest einige dieser Situation müssten Ihnen sehr gut bekannt sein. Tagtäglich versuchen Millionen von Eltern, ihre weinenden Kinder zu trösten, im richtigen Moment konsequent und im nächsten nachgiebig zu sein. Dieser Spagat fällt keinem leicht, wenn man nicht zumindest ein paar Richtlinien an der Hand hat. Denn Sie wissen es wohl am besten: Auch Eltern sind nur Menschen, die jeden Tag ihr Bestes geben und ein wenig Unterstützung brauchen. Dies ist völlig legitim.

Wichtig ist: Es geht nicht primär darum, dass Ihre Kinder durch das Anwenden von Gewaltfreier Kommunikation „braver" oder „besser erzogen" werden. Würden wir versuchen, unseren Kindern dieses an- und jenes abzugewöhnen, wäre dies an falscher Stelle angesetzt und würde das Problem nicht an der Wurzel packen. Stattdessen möchten wir

• mit unseren Kindern offen kommunizieren
• und gegenseitiges Verständnis entwickeln.

Daraus erwächst eine Entspannung des Alltags. Selbstverständlich geht mit dieser Entwicklung auch einher, dass weniger Konflikte und Widerworte auftreten, Ihre Kinder also automatisch „wohlerzogener" werden. Jedoch möchten wir den Fokus nicht auf eine Verhaltensänderung unserer Kinder legen. Das Konzept der gewaltfreien Kommunikation ist keine Symptombehandlung, sondern ein ganzheitlicher Prozess, eine Art und Weise des Denkens. Das oberste Ziel bleibt immer das harmonische Miteinander.

WORTE KÖNNEN WEHTUN

Stellen wir uns zunächst einmal die Frage, was Gewalt überhaupt ist. Die erste Assoziation ist in der Regel physische Gewalt, die unserem Körper schadet und meist sichtbare Verletzungen verursacht. Jedoch hat der Begriff deutlich mehr Dimensionen, die etwas subtiler sind.

- „Immer musst du trotzig sein und widersprechen!" (Etikettierung)
- „Kannst du nicht einmal das tun, was ich dir gesagt habe?"(Vorwurf)
- „Noch einmal passiert so etwas, dann gibt es riesigen Ärger!" (Drohung)

• „Deinetwegen sind wir schon wieder zu spät!"
(Schuldzuweisung)

Sätze wie diese kommen einem schnell über die Lippen und entstehen meist aus dem Affekt heraus. Häufig sind diese Dinge weniger hart gemeint, als sie von dem Kind aufgenommen werden. Leider vergessen wir nur zu häufig, wie schmerzhaft Worte sein können. Sie können uns das Selbstvertrauen rauben, Wut auslösen oder uns zutiefst kränken. Es ist daher kaum verwunderlich, dass Kinder mit Trotz, Aggressionen oder scheinbarer Gleichgültigkeit reagieren. Jedes von ihnen ist ein Individuum, deshalb lässt sich keine allgemeingültige Aussage treffen, wie welches Kind eine bestimmte Aussage aufnimmt. Dass es jedoch von unseren Worten getroffen und verletzt wird, steht außer Frage.

Kinder sind sensible Wesen, die sich gerade in der wichtigsten Prägungsphase ihres Lebens befinden. Denken Sie an rohen Ton. Jeder Fingerabdruck hinterlässt Spuren, zu viel Druck und das Material ist verformt. Erst, wenn das Gefäß ausgebrannt wurde, ist es robuster. So müssen Sie sich das Verhältnis von Kindern zu Erwachsenen vorstellen.

WORTE KÖNNEN HEILEN

Glücklicherweise ist Kommunikation zugleich ein Wunder, das unsere menschlichen Beziehungen zusammenhält – auch die zu unseren Kindern. Die Sprache ist unsere Brücke zu ihnen, die uns etwas über ihre Lieblingsfarbe, ihre größte Angst und ihre lustigste gemeinsame Erinnerung verrät.

Vergessen wir auch nicht die Bedeutung der Worte „ich habe dich lieb", die wie eine verbale Umarmung sind. Kinder brauchen diese Bestätigung, sie müssen hören, dass sie geliebt, gewollt und genau richtig sind. Die Worte, die Sie Ihren Kindern jetzt mit auf den Weg geben, werden später einmal das Fundament ihres Lebens sein. Sie entscheiden, woraus es bestehen wird.

Denken Sie aber auch daran, dass Ihre Affirmationen nicht nur gut gemeint, sondern auch ehrlich sein müssen. Ein Kind, das eine schlechte Zensur nach Hause bringt, weiß um diese. Es ist nicht zielführend, ihm immer wieder zu sagen, dass die Zensur hervorragend ist. Dennoch ist es möglich, Ihrem Kind auf anderem Weg Unterstützung und Trost zukommen zu lassen. So können Sie beispielsweise die negativen Gefühle des Kindes abfedern:

- Das nächste Mal helfe ich dir beim Lernen, dann funktioniert es bestimmt besser.
- Ich finde es gut, dass du dich getraut hast, mir von der schlechten Note zu erzählen.
- Wobei hattest du Schwierigkeiten, was können wir besser machen?
- Es ist wichtig, dass du dich nicht entmutigen lässt.
- Ich verstehe, dass dich diese Note traurig macht.

... NICHT NUR WORTE!

Wir sprechen über gewaltfreie Kommunikation mit Kindern, doch diese hört nicht bei der verbalen Kommunikation auf. Ziel ist es nicht, dass Ihnen niemals ein böses Wort über die Lippen kommt und Sie zu einem perfekten Elternteil werden. Ziel ist es, eine harmonische Umgebung zu schaffen, in der sich Ihre gesamte Familie sicher und wohlfühlen darf.

Häufig ist es der Fall, dass Gewalt nicht physisch, aber auch nicht verbal zu beobachten ist. Dennoch ist die Familiendynamik angespannt und von negativen Emotionen geprägt. Hinterfragen Sie Ihr eigenes Verhalten, seien Sie selbstkritisch: Gibt es Momente, in denen Sie Ihre Gefühle nicht unter Kontrolle haben? In denen Sie diesen Gefühlen ein Ventil geben müssen, wenn dieses Ventil auch nicht physisch oder verbal ist? Und kann es vorkommen, dass dann Ihre Mitmenschen, insbesondere Ihre Kinder, die Leidtragenden sind?

Passiv-aggressive Mimik und Gestik sind so subtil, dass sie häufig noch nicht einmal von dem Sender wahrgenommen werden. Sie läuft unterbewusst ab. Der Empfänger des Signals, in der Regel das Kind, merkt hingegen sehr wohl, dass er gerade angegriffen wurde. Dazu gehören beispielsweise:

• Ignorieren des Kindes als Bestrafung
• Bevorzugen des Geschwisterkindes
• Geringschätzung von Leistungen des Kindes
• Objekt-gerichtete Aggression wie lautes Türknallen.

Sie sehen, dass viele dieser Handlungen schwer fassbar sind und häufig bloß „empfunden" werden können. So wird Kindern auch häufig die Berechtigung abgesprochen, wenn Sie mit ihren feinen Antennen dieses Verhalten bemerken.

• „Du bist überempfindlich!"
• „Stell dich doch nicht so an."
• „Du suchst dir deine Probleme, weil du in Wirklichkeit keine hast."

Es ist jedoch fatal, Kindern so das Gefühl zu geben, dass ihre Wahrnehmung falsch oder unberechtigt ist. Langfristig schadet es dem Vertrauensverhältnis zwischen Eltern und Kind. Wenn Ihr Kind also bereit ist, sich Ihnen zu öffnen, vermeiden Sie es nach Möglichkeit, sich sofort in den Verteidigungsmodus zu begeben. Es ist immer unangenehm, sich mit den eigenen Verfehlungen konfrontiert zu sehen, insbesondere in einem Eltern-Kind-Verhältnis. Doch auch, wenn es schmerzhaft ist, müssen Sie diesen Schritt zwangsläufig durchlaufen, um sich eine gesunde und friedliche Art der Kommunikation aneignen zu können.

Über den eigenen Schatten springen

Wir haben also die Grundlagen der gewaltfreien Kommunikation kennengelernt, aber wissen noch nicht, wie wir sie in unserem täglichen Leben konkret umsetzen können. Ich bin mir sicher, dass Sie Ihren Kindern jetzt schon aufrichtig wohlwollend gesonnen sind. Doch wo liegt der Knackpunkt?

Wir lieben unsere Kinder über alles, doch oft gelingt es uns nicht, diese Liebe zu zeigen oder auf unsere Umgebung zu übertragen. Zu viel läuft im Alltag schief, Kleinigkeiten summieren sich und frustrieren die geduldigsten Eltern. Wie soll man es da noch schaffen, friedlich zu kommunizieren?

DAS INNERE KIND

Man will vieles besser machen als die eigenen Eltern. Weniger streng, geduldiger oder liebevoller möchten wir mit unseren Kindern umgehen. Vielen Menschen kommt dieser Vorsatz in den Sinn, wenn sie selbst Mutter oder Vater werden. Und dann bemerken wir inmitten von Frustration, Wut und Schuldgefühlen plötzlich: So einfach ist es gar nicht, wie wir uns das vorgestellt haben.

Denken Sie doch einmal an Ihre eigene Kindheit. Nicht bloß an die schönen Momente, an die man sich gern erinnert, an die gemeinsamen Ausflüge oder Fernsehabende. Denken Sie an das, was Sie als Kind verletzt oder gekränkt hat.

• Gab es Situationen, in denen Sie sich klein und unbedeutend gefühlt haben?

• Was löste ein Gefühl von Ungerechtigkeit in Ihnen aus? Was machte Sie wütend?

• Wurde bei Ihnen zu Hause über Emotionen geredet? Hatten Sie ein entsprechendes Ventil, um Ihre Gefühle zu verarbeiten?

Ein Beispiel:

Als Kind musste Sarah grundsätzlich ihren Teller

leer essen, unabhängig von ihrem Hungergefühl. Sie erinnert sich an das Schimpfen ihrer Mutter, dass sie allein am Tisch sitzen musste, während es immer später wurde und ihre Geschwister aufstehen durften. Ihre Klagen brachten nichts, die Mutter blieb hart.

Sarah fühlte sich ungerecht behandelt, weil sie sich das Essen nicht selbst aufgelegt hatte: Die Portion war einfach zu groß. Sie empfand Machtlosigkeit, weil ihre Einwände und Bedürfnisse ignoriert wurden. Sie verstand die Regel ihrer Mutter nicht, worin lag der Sinn, zum Essen gezwungen zu werden?

Sicherlich hat jeder Mensch eine kleine Kiste in seinem Kopf, in der all diese negativen Erinnerungen verstaut sind. Wir holen sie selten hervor, tragen sie aber permanent mit uns herum. Sie können sie sich als einen vergessenen Überrest aus Ihrer Kindheit vorstellen, eine Art inneres Kind.

Der Erwachsene, der Sie heute sind, ignoriert dieses innere Kind. Wir neigen zum Verdrängen und schieben vieles beiseite, was unseren Alltag nicht direkt betrifft. Das Problem: So ist es Ihnen unmöglich, die Verletzungen Ihrer Kindheit zu verarbeiten. Das ist aber zwingend notwendig, bevor Sie das Verhältnis zu Ihren eigenen Kindern reflektieren können.

Heute ertappt sich Sarah dabei, dass sie beim Mittagessen in die Rolle ihrer Mutter rutscht. Sie spürt Wut in sich aufkochen, weil ihr Sohn lustlos vor einem vollen Teller sitzt. In ihr laufen vermutlich dieselben Gedankengänge wie damals in ihrer Mutter ab. Sarah denkt an die Mühe und Zeit, die sie täglich in der Küche aufbringt. Warum ist ihr Sohn so undankbar? Möchte er sie absichtlich ärgern? Sie selbst hat es in ihrer Kindheit schließlich auch überlebt, ihren Teller leer zu essen!

„Du bleibst sitzen, bis der Teller leer ist!" Die exakten Worte ihrer eigenen Mutter klingen aus Sarahs Mund. Erschrocken hält sie inne und bemerkt, was sie gesagt hat.

Wir sehen, wie sehr uns die eigene Erziehung prägt, ob wir es wollen oder nicht. Leider verlieren wir mit dem Alter schnell unsere Empathie für Kinder. Wir vergessen schlicht, wie empfindsam sie sein können, wie empfindsam wir selbst waren. Und so schleichen sich unterbewusst negative Verhaltensweisen aus Ihrer Kindheit ein, die Sie einst selbst verletzten.

In dem Moment, in dem Sie Mutter oder Vater werden, wechseln Sie von der Kinderrolle in die Elternrolle. Vielleicht haben Sie beispielsweise einmal festgestellt, dass Sie Ihre eigenen Eltern, deren

Ängste und Sorgen viel eher nachvollziehen können, seitdem Sie selbst ein Kind haben.

Dieser Wechsel bedeutet allerdings auch, dass unsere aktuellen Erfahrungen als Eltern die früheren Erfahrungen unserer Kindheit überdecken. Es ist natürlich, dass der Mensch seine eigene und aktuelle Situation am besten nachvollziehen kann, da er genau diese gerade durchlebt. Dennoch ist es eine Kunst, unseren Blick aus Kinderaugen und insbesondere unsere kindliche Gefühls- und Gedankenwelt nicht zu vergessen. Dazu gehören beispielsweise die Dinge, die Sie damals gefreut, verängstigt oder irritiert haben.

Durchleben Sie Ihre eigene Kindheit ein zweites Mal. Sehen Sie sich alte Fotos und Zeichnungen an und blättern Sie durch Tagebücher. Sprechen Sie mit Ihren Eltern und Geschwistern, lassen Sie sich von Ihren Eigenheiten und besonderen Erlebnissen erzählen, die Sie vielleicht selbst schon längst vergessen haben. Es stört Sie, dass Ihr Kind ständig mit einem imaginären Freund spricht? Wer weiß, vielleicht hatten Sie auch einen.

Sie können aber auch mit Ihren Kindern Ihre eigene Kindheit noch einmal erleben. Lassen Sie sich ganz auf Ihr Kind ein, wenn Sie gemeinsam spielen. Wenn Ihr Kind Ihnen beispielsweise von seinen

Fantasiewelten erzählt, nehmen Sie die Geschichte exakt so wahr, ohne daran zu denken, wie realistisch dieses und jenes ist und wie Ihr Kind auf solche Ideen kommt. Nehmen Sie Ihr Kind ernst und führen Sie Gespräche auf Augenhöhe. Dies ist zweifellos bereits bei Kindern im Kindergartenalter möglich.

Indem Sie sich auf die Spuren Ihrer Kindheit begeben, gewinnen Sie an Sensibilität und Verständnis für die Gedankenwelt Ihrer eigenen Kinder. So ist es auch möglich, die eingefahrenen Verhaltensmuster in Ihrem Alltag zu identifizieren und durch neue zu ersetzen, die gesünder und positiver sind. Im Folgenden werden einige Ansätze vorgestellt:

- „Du musst deinen Teller leer essen!"
Oder: „Du isst so viel, bis du satt bist. Danach stellen wir deinen Teller einfach in den Kühlschrank, falls du nachher doch noch einmal hungrig wirst."
- „Wenn dein Zimmer in zwanzig Minuten nicht aufgeräumt ist, gibt es die ganze Woche kein Fernsehen."
Oder: „Mir ist es wichtig, dass das Kinderzimmer aufgeräumt ist, dann fühlen wir uns alle wohler. Du hast zwanzig Minuten Zeit, um aufzuräumen. Wenn du aber Hilfe brauchst, kann ich dich gern unterstützen."

• „So eine schlechte Note, das ist ja richtig peinlich! Schämst du dich nicht?"

Oder: „Wobei hattest du Schwierigkeiten und wie kann ich dir helfen? Wenn wir uns gut vorbereiten, wird der nächste Test bestimmt besser."

Sie haben die freie Wahl. Bloß, weil Sie in Ihrer Kindheit häufiger die ersten Sätze gehört haben, müssen Sie diese Kommunikation nicht fortführen. Sie können sich bewusst für eine friedliche Sprache entscheiden und dafür, dass Ihre Kinder ohne elterliche Schuldzuweisungen, Drohungen und Anschuldigungen aufwachsen.

Was tun, wenn ...

Ein Ratgeber lässt vieles sehr einfach wirken. Er leitet an, gibt uns hilfreiche Hinweise und erklärt, was sinnvoll ist und was eher nicht. Dennoch fällt es oft schwer, einen Zusammenhang zwischen dem gerade gelesenen Text und unseren Problemen im Alltag herzustellen. Das wirkliche Leben ist nun einmal nicht schwarz auf weiß gedruckt, sondern auch bunt, laut, chaotisch und wild. Dies trifft vor allem auf ein Leben mit Kindern zu, die unseren Alltag auf unterschiedliche Art und Weise bereichern, aber nicht unbedingt einfacher machen.

Häufig ist es so, dass wir uns in konkreten Situationen überfordert fühlen und Orientierung brauchen. Wir haben Angst, Fehler zu machen, und wissen häufig nicht, wie wir am ehesten einen Zugang zu unserem Kind finden. Wir versuchen, das richtige Maß und eine Balance zwischen Freiraum und Regeln zu finden. Das gelingt uns nicht immer.

Natürlich ist jedes Kind unterschiedlich und Sie als Eltern wissen um die Besonderheiten Ihrer Kinder wohl am besten. Es ist immer ein Abwägen, ein Ausloten, wie Sie jedem Kind begegnen und mit ihm kommunizieren. Das eine braucht vielleicht mehr Bestätigung, um sich sicher und wohlfühlen zu können, das andere hingegen benötigt Kontinuität und fest geregelte Gewohnheiten. Die universellen Bedürfnisse der Menschen unterscheiden sich jedoch kaum voneinander. Mit Einfühlsamkeit, Verständnis und Liebe kommen Sie in jedem Fall weiter, insbesondere im verbalen Umgang mit Ihrem Kind.

Das Konzept der gewaltfreien Kommunikation stammt zwar von einem Psychologen und liegt damit einer wissenschaftlichen Theorie zugrunde, vergessen Sie jedoch nicht, dass es tatsächlich ein zutiefst menschliches und nahbares Konzept ist, das auf Empathie und Respekt beruht. Wenn Sie diese Grundhaltung erst einmal verinnerlicht haben, werden Sie die unten beschriebenen Situationen konfliktfrei und friedlich lösen können.

... KINDER SCHWIERIGKEITEN HABEN, ÜBER IHRE GEFÜHLE ZU REDEN?

Was wir nicht beschreiben können, können wir nicht richtig erfassen. Aus diesem Grund haben Kinder gelegentlich Probleme damit, ihre Gefühle zu begreifen, in Worten auszudrücken und damit zu reflektieren.

Ein Beispiel:

Die vierjährige Lucy muss sich von ihrer älteren Schwester verabschieden, die einige Tage bei den Großeltern verbringt. Die Schwestern stehen sich sehr nahe. Als es zum Moment des Abschieds kommt, rennt Lucy weg und schreit: „Ich will mich nicht verabschieden, ich will dich gar nicht sehen! Ich mag dich nicht!"

Wäre es gerechtfertigt, mit dem Mädchen zu schimpfen? Immerhin hat sie gemeine und verletzende Dinge zu ihrer Schwester gesagt. Doch es lohnt sich, etwas tiefer zu blicken. Manchen Kindern fällt es schwer, insbesondere negative Gefühle wie Wut und Trauer voneinander zu trennen. Dies tritt vor allem auf, wenn sie noch sehr jung und nicht geübt darin sind, ihre Gefühle klar zu benennen. In diesem Falle sollten die Eltern das Kind bei der

Gefühlsfindung und -beschreibung unterstützen.

„Kann es sein, dass du in Wirklichkeit gar nicht wütend bist, sondern traurig?" Lucys Mutter beugt sich zu ihr hinunter. „Ich habe mich auch schon einmal so gefühlt, als ich meine Schwester vermisst habe. Ich habe sie nämlich lieb, so wie du deine Schwester lieb hast."

Die Mutter schafft es, die Gefühle des Kindes in Worte zu fassen und befreit es so aus der Ohnmacht, die entsteht, wenn man den eigenen Emotionen ausgeliefert ist. Sie beginnt mit elementaren und gut bekannten Gefühlen (Wut, Trauer), bevor sie zum komplexeren Gefühl des Vermissens übergeht. Zudem schafft die Mutter Verbundenheit und Verständnis durch gemeinsame Erfahrungen, indem sie die Parallele zu ihrer eigenen Schwester zieht: Lucy ist nicht allein mit ihren Gefühlen.

Es klingt simpel, aber ein Gefühl ist etwas, das eingeübt werden muss, so wie zu schwimmen oder Fahrrad zu fahren. Dieses vergessen wir häufig und nehmen es als selbstverständlich hin, als etwas, das man „einfach kann". Bedenken Sie auch, dass jedes Kind anders ist, insbesondere bei Geschwisterkindern. Dem einen Kind fällt es leichter als dem anderen, über Gefühle zu reden und sie zu benennen. Glücklicherweise können Sie den Umgang mit

Emotionen trainieren. Selbstverständlich können Sie Ihren Kindern das komplexe Feld der Emotionen spielerisch beibringen, stellen Sie beispielsweise verschiedene Fragen zu dem Thema. Gehen Sie auf positive und negative Gefühle ein und starten Sie mit wohlbekannten Gefühlen wie Wut. Scheuen Sie sich nicht, anschließend auch komplexere Emotionen wie Schadenfreude oder Erleichterung ansprechen.

* „Wenn ich diesen Gesichtsausdruck mache, wie fühle ich mich dann?"
* „Wie würde ich mich fühlen, ließe ich mein Eis versehentlich fallen?"
* „Ich bin glücklich / traurig /…, wenn ich dieses und jenes tue. Und du?"

… ICH DOCH EINMAL NEIN SAGEN MUSS?

Das Wort „nein" ist nicht verboten, ebenso müssen Sie Ihre Elternrolle nicht von aller Autorität befreien, wenn Sie dies nicht möchten. Diese Autorität muss jedoch möglichst klar und transparent sein. Es kommt also darauf an, wie Sie Ihr Nein transportieren.

Ein Beispiel:

Daniels fünfzehnjährige Tochter möchte abends mit Freunden ausgehen. Die Eltern kennen nicht alle dieser Freunde, zudem kann das Mädchen nur schwammige Antworten geben. Es weiß nicht genau, wo sich ihre Freunde treffen und wann sie heimkommt. Daniel entscheidet sich dafür, seiner Tochter das Treffen zu verbieten. Er wägt genau ab, was dafür und dagegen spricht, hat jedoch die berechtigte Sorge, dass seiner Tochter etwas zustößt.

Es ist unsere Pflicht als Eltern, unsere Kinder vor möglichen Gefahren zu schützen. Besonders Jugendliche mögen mit den Augen rollen, aber eine gewisse Weitsicht und Lebenserfahrung kann man einer Mutter oder einem Vater in der Regel nicht absprechen. Häufig löst ein Verbot Streit oder Diskussionen aus und der Haussegen hängt schief. Es geht aber definitiv nicht darum, von nun an keine berechtigten Verbote mehr auszusprechen. Stattdessen erklären wir unseren Kindern, warum wir uns für oder gegen etwas entscheiden.

„Würde ich alle deine Freunde kennen, hätte ich dir das Treffen möglicherweise erlaubt. Außerdem möchte ich genau wissen, wohin du gehst und wann du heimkommst. Das kannst du bestimmt nachvollziehen, oder? Alternativ kann ich dir aber anbieten, dass du ein paar deiner Freunde zu uns nach Hause einlädst. Wie findest du das?"

Ein Nein erscheint Kindern schnell zu willkürlich und autoritär, unabhängig davon, wie begründet ein Verbot sein mag. Allerdings ist es möglich, ein Verbot so zu kommunizieren, dass es möglichst positiv von Ihrem Kind aufgenommen wird. Sagen Sie nicht zu schnell und reflexartig nein, sondern fragen Sie sich selbst, welche Ängste und Vorbehalte Sie hegen.

• Warum möchte ich nicht, dass mein Kind dieses und jenes tut?
• Sind meine Bedenken berechtigt?

Können Sie diese Fragen für sich selbst beantworten, können Sie Ihr Verbot auch vor Ihrem Kind rechtfertigen. Ein „weil ich es so sage" wird ein Kind niemals überzeugen, stimmige Argumente schon. Unterschätzen Sie auch Ihr eigenes Kind nicht: Es mag zwar weniger Lebenserfahrung als Sie haben, ist aber durchaus in der Lage, andere Standpunkte zu verstehen. Es verspricht also immer mehr Erfolg, an die Denkleistung Ihres Kindes zu appellieren. Vielleicht fühlt es sich sogar wertgeschätzter und verstandener, weil Sie mit ihm auf einer Ebene sprechen und ist eher bereit, Ihre Worte friedlich zu akzeptieren. Bieten Sie Ihrem Kind auch eine Alternative an. So signalisieren Sie ihm, dass Sie ihm wohlgesonnen sind und Ihr Verbot keine boshafte, sondern eine durchaus berechtigte Entscheidung ist.

Das Kind muss also wissen, dass es selbst und sein Wohlergehen im Zentrum all Ihrer Überlegungen steht. Sie entscheiden in seinem Sinne und wollen das Beste für Ihr Kind, das gilt ausnahmslos und für jede elterliche Entscheidung. Auch dies vergrößert die Akzeptanz eines Verbots, da es Misstrauen und dem Vorwurf des „Spaßverderbers" die Grundlage nimmt.

Auch Kindern im Kindergartenalter können Sie bereits so begegnen. Selbstverständlich müssen Sie die Argumente an das Alter und den Entwicklungsstand des Kindes anpassen, aber grundsätzlich ist es möglich, einem dreijährigen Kind zu erklären, dass es von zu vielen Süßigkeiten Bauchschmerzen bekommen wird und dass das überhaupt kein angenehmes Gefühl ist.

Zögern Sie nicht, sich durchzusetzen und klare Regeln festzulegen. Was Kinder stört, ist keine Konsequenz, sondern das Gefühl von Ungerechtigkeit und Willkür, was Sie durch das Werkzeug der Kommunikation verhindern können. Selbstverständlich ist es langwieriger, anstatt eines simplen Verbots Argumente und Gegenvorschläge auszubreiten, doch Sie werden mit einem einsichtigeren und verständnisvolleren Kind belohnt.

… ICH MEINE SÖHNE UND TÖCHTER UNTERSCHIEDLICH BEHANDELE?

Häufig denken wir als Eltern, übermäßiges Rollendenken schon längst überwunden zu haben. Doch dann fällt uns unangenehm auf, wie sehr uns althergebrachte Konventionen immer noch beeinflussen.

Ein Beispiel:

Valerie hat ihrer Tochter ein Prinzessinnenkleid für die bevorstehende Faschingsfeier in der Schule mitgebracht. Sie selbst ist begeistert, so ein Kostüm wollte sie als kleines Mädchen immer haben. Doch ihre Tochter verzieht den Mund und sagt: „Aber Mama, ich habe dir doch gestern gesagt, dass ich dieses Jahr unbedingt ein Ritter sein will!"

Die Enttäuschung der Mutter ist sicher groß. Vielleicht fühlt sie sich gekränkt und nicht wertgeschätzt, weil ihre Tochter das Kostüm ablehnt. Dennoch muss sich Valerie eingestehen, dass sie die Bedürfnisse ihrer Tochter ignoriert hat, um ihre eigenen zu erfüllen. Obwohl sich das Mädchen ein Ritterkostüm gewünscht hat, kauft Valerie das Kostüm, das ihr selbst am besten gefällt. Und sie gibt auch selbst zu: Ihr Mädchen sähe sie schon lieber in einem glitzernden Kleid als in einer Ritterrüstung ...

Weil sie sich selbst sehr über das Kleid gefreut hätte, ist die Mutter versucht, ihrer Tochter Undankbarkeit oder Trotz vorzuwerfen. Dennoch schafft es Valerie, den eigenen Wunsch und den ihrer Tochter zu trennen. Wichtig ist hierbei auch, dass sie sich nicht mehr selbst auf ihre Tochter projiziert. Dies tun Eltern häufig unabsichtlich, insbesondere wenn Kind und Elternteil dasselbe Geschlecht haben. Um seinem Kind nicht mit unterschwellig transportierten Erwartungen zu schaden, ist diese Trennung elementar. Ihr Kind ist nicht der verlängerte Arm Ihrer selbst und hat das Recht auf eigene Vorlieben und Abneigungen.

• Unterscheide ich zwischen meinem Wunsch und dem meines Kindes?
• Will ich mein Kind unterbewusst in eine bestimmte Richtung drängen?
• Würde mich mein Kind durch unerwartetes Handeln enttäuschen?

„Weißt du was, das stimmt. Du hast mir gesagt, dass du ein Ritter sein möchtest, das habe ich ganz vergessen." Valerie packt das Kostüm zurück in die Tüte. „Ich kann das Kleid im Geschäft umtauschen und wir beide könnten heute Abend ein Ritterkostüm für dich basteln."

Es ist wichtig, dass die Mutter in der Lage ist, ihren eigenen Fehler einzugestehen und so dem Wunsch der Tochter nicht mehr die Berechtigung abspricht. Nicht zu vergessen ist auch, dass sie das typische Rollendenken vor ihrer Tochter erst gar nicht anspricht, also dass sie als Mädchen typischerweise ein Kleid anziehen sollte und keine Ritterrüstung. So verunsichert Valerie ihre Tochter nicht und eröffnet ihr die Möglichkeit, sich frei zu entfalten, unabhängig von ihrem Geschlecht.

Möchte das eigene Kind sich ausprobieren, auch abseits von der typischen Geschlechterrolle, ist es wohl am besten, dies unkommentiert zu lassen. Bleiben Sie möglichst frei von Bewertungen und Urteilen. So setzen Sie Ihr Kind so wenig Druck wie möglich aus und geben ihm die Freiheit, die es benötigt. Aber auch ein Lob kann in manchen Situationen ermutigend und unterstützend wirken, beispielsweise ein Kompliment für das gelungene Ritterkostüm an Fasching.

... WIR UNS ALS FAMILIE NICHT NAH GENUG FÜHLEN?

Im Idealfall ist der enge Familienkreis ein Ort der Akzeptanz und Verbundenheit. Ein Ort, an dem man einander annimmt und vertraut. Doch auch dieser sichere Hafen muss erst einmal geschaffen werden. Denken Sie einmal daran, was Sie mit anderen Menschen verbindet. Letztlich läuft es immer auf gemeinsame Erfahrungen und Erlebnisse hinaus, also auf Zeit. Ihre Familie und Ihre Kinder sind das Wichtigste in Ihrem Leben, also wo lohnt sich investierte Zeit mehr als hier?

Ein Beispiel:

„Papa, das war richtig gut, dass wir das gemacht haben!" Die Worte sind ehrlich gemeint. Anne schmiegt sich an ihren Vater, das erste Mal seit einer Weile. Gesten wie diese gehen im Alltag viel zu schnell verloren. Bewusst hat sich der Vater heute die Zeit für eine Fahrradtour mit seiner ältesten Tochter genommen.

Diese Szene zeigt auch, dass es sich lohnt, Ihre Kinder als Individuen mit unterschiedlichen Interessen und Persönlichkeiten wahrzunehmen. Unternehmen Sie gelegentlich etwas mit einem Ihrer Kinder und schenken Sie ihm Ihre volle Konzentration.

Ich weiß: Eltern sind in den meisten Fällen berufstätig, kümmern sich zudem noch um den Haushalt und haben in der Regel mehrere Kinder, die alle Aufmerksamkeit fordern. Doch stärkt es nicht nur die Beziehung zum einzelnen Kind, sondern letztlich das gesamte Familiengefüge, wenn Sie sich ab und an die Zeit nehmen.

So verhindern Sie auch, dass Ihnen Ihre Kinder unbemerkt entgleiten. Gerade ältere Kinder machen in ihrer Jugend häufig einen Emanzipationsprozess durch, der selten komplett konfliktfrei abläuft. Dieses Abnabeln ist wichtig und gesund. Ihr Kind soll herausfinden, welcher Mensch es unabhängig von seiner Familie ist. Dennoch bieten Sie ihm durch gemeinsame Erlebnisse immer wieder einen Platz zum „Heimkommen" an, an dem es sich bedingungslos geliebt und gewollt fühlen darf. Dies ist für alle Kinder elementar, ob sie sieben oder siebzehn sind.

Doch mindestens ebenso wichtig sind Unternehmungen mit der ganzen Familie, in denen Sie sich als Team begreifen. Das geht beispielsweise besonders gut bei sportlichen Unternehmungen, die noch nicht einmal kostspielig sein müssen. Wie wäre es mit einer Runde Volleyball oder Federball im Garten oder im Park? Aber auch regelmäßige und bewusste Gesprächszeiten sind Momente, in denen die ganze

Familie zur Ruhe kommen und sich austauschen kann. Praktisch sind hierfür beispielsweise die Mahlzeiten. Achten Sie darauf, dass sich kein Familienmitglied aus dem Gespräch ausklinkt oder sich übergangen fühlt. Stellen Sie jedem interessierte Fragen, die je nach Stimmung lustig oder auch etwas tiefgründiger ausfallen dürfen. Eine Option sind auch Fragewürfel oder -karten, die reihum gehen. Lernen Sie einander als einzelne Persönlichkeiten und als Familie neu kennen.

- Hast du in letzter Zeit einen guten Witz gehört?
- Wohin wolltest du schon immer einmal reisen?
- Wofür warst du heute dankbar?
- Erinnerst du dich noch an …

Schaffen Sie Erinnerungen, so viele wie möglich. Sie sind der Kitt, der eine Gruppe von verschiedenen Individuen zu einer Familie formt und zusammenhält.

… MEINE SPRACHE ZU HART IST?

Der Alltag ist stressig und nicht immer ist es möglich, jedes kleinste Nein bis ins Detail auszudiskutieren. Dennoch fällt Ihnen vielleicht negativ auf, dass Ihre Sprache nicht unbedingt die Atmosphäre widerspiegelt, die Sie gern in Ihrem Heim hätten.

Ein Beispiel:

Julias Sohn ist normalerweise dafür verantwortlich, die Spülmaschine auszuräumen. Heute ist er aber sehr lustlos und schiebt die Aufgabe vor sich her. Julia verliert die Geduld: „Ich habe es dir doch mindestens fünfmal gesagt, du musst die Spülmaschine noch ausräumen! Wenn das in zehn Minuten nicht erledigt ist, dann gibt es Ärger! Wie kann man nur so faul sein!"

Natürlich versteht man Julias Position als Mutter nur zu gut. Sie ist frustriert, dass ihr Sohn seine Pflichten nicht wahrnimmt und dadurch der Haushalt leidet. Dennoch wird insbesondere ihr Vorwurf bloß Trotz bei ihrem Sohn auslösen. Auch wenn ihr Sohn sich nicht richtig verhält, der Vorwurf der Faulheit tut trotzdem weh und ist nicht nötig.

Wägen Sie außerdem ab, wann es sich lohnt, in der Befehlsform zu sprechen. Insbesondere das Verb „müssen" wird sehr häufig verwendet, es hat sich als Automatismus in unsere Sprache eingeschlichen. Häufig können Sie dies jedoch umgehen, wenn Sie beginnen, bewusst auf Ihre Wortwahl zu achten. Julia atmet tief durch. „Jeder hat Aufgaben, die er zu erledigen hat, nur so funktioniert der Alltag. Für dich ist es in ein paar Minuten erledigt, aber mir selbst nimmst du damit eine Menge ab. Es ist wichtig, dass wir einander als Familie unterstützen."

Julia signalisiert ihrem Sohn einerseits Wertschätzung; er ist wichtig und seine Hilfe wird benötigt, damit das Zusammenleben gut funktioniert. Sie merken, dies spricht eine andere Ebene als der vorangegangene Vorwurf an und wird keine Trotzreaktion verursachen. Julia appelliert aber auch an Verantwortungsgefühl und Hilfsbereitschaft, Gefühle, die auch jüngeren Kindern durchaus nicht fremd sind. Durch die Unterstützung nimmt das Kind seinen Eltern ein wenig Arbeit ab, es ist in die Aufgabenverteilung eingebunden und hat einen wichtigen Platz in dieser.

Andererseits lässt Julia aber trotzdem keinen Zweifel daran, dass die Aufgabe erfüllt werden soll. Wichtig hierbei ist, dass eine bewusste Sprache, zwar ohne Vorwürfe, Du-Botschaften und Befehle auskommt, Sie Ihren Standpunkt aber trotzdem klar ausdrücken können. Begründen Sie Ihre Aufforderung ruhig und sachlich. Mögliche Argumente oder Aspekte, auf die Sie grundsätzlich eingehen könnten, sind:

• Empathie: Dieses und jenes verletzt die Gefühle anderer.

• Familiensinn: Es ist wichtig, dass wir zusammenhalten und einander helfen.

• Reflexion: Wie würdest du dich dabei fühlen?

• Grundsätze: Regeln existieren nicht grundlos, sie machen unser Zusammenleben einfacher.

Es ist generell nicht nötig, aus jeder Ihrer Aussagen eine Bitte zu formulieren. Rhetorische Fragen wie „Wollen wir mal deine Schwester von der Schule abholen?" verkomplizieren unnötig und verwirren das Kind unter Umständen. Denn wie reagieren Sie, sollte Ihr Kind diese Frage einmal verneinen? Selbstverständlich ist es keine Option, die Schwester in der Schule zu lassen. Deshalb sollten Sie keine Auswahlmöglichkeiten suggerieren, wo keine vorhanden sind. Das Kind bemerkt hier sehr schnell, dass es keine tatsächliche Wahlmöglichkeit hat, sondern die Frage nur pro forma gestellt wurde

...UNSER ALLTAG STRESSIG UND UNAUSGEGLICHEN IST?

Gelegentlich kommen in allen Familien Phasen vor, an denen man ständig aneinandergerät und einem Streit kaum ausweichen kann. Ab und zu dauern diese Phasen einige Tage oder noch länger an. Dies betrifft sowohl die Beziehung der Kinder untereinander als auch die Eltern-Kind-Beziehung. Jedes Familienmitglied leidet unter der gespannten Atmosphäre, kann sie jedoch nicht eigenständig lösen.

Bedenken Sie auch, dass physische Prozesse die Psyche und damit das Zusammenleben merklich beeinflussen. Gelegentlich ist es so simpel, dass übermüdete oder hungrige Kinder schon der Grund für eine veränderte Konfliktdynamik sind. Aber auch darüber hinaus ist es wichtig, möglichst viele Faktoren in Betracht zu ziehen, die ein Individuum reizbarer und sensibler machen.

• Hat jedes Kind seinen Freiraum, räumlich und zeitlich?

• Hat jeder der Beteiligten genug Schlaf und allgemeiner: Zeit zum Ruhen?

• Hat das Kind genug körperliche Bewegung?

Selbstverständlich ist es nicht immer so einfach, dass eine ausgeschlafene Familie automatisch eine harmonischere ist. Das Problem hierbei ist aber, dass wir häufig unter einem permanenten Stresspegel in unserem Alltag leiden. Berufstätigkeit, alltägliche Sorgen, Schule und Kindergarten sowie zusätzliche Termine und unvorhergesehene Zwischenfälle sind den meisten Familien wohlbekannt. Den daraus entstehenden Stress nehmen wir kaum und nur unterbewusst wahr, er ist unsere Normalität. Das bedeutet jedoch nicht, dass er „normal" im Sinne von gesund und richtig ist. Häufig summieren sich die kleinen Stressfaktoren unseres Alltags unbemerkt zusammen und begünstigen die permanente Belastung und Anspannung, die sowohl Eltern als auch Kinder verspüren.

Ein Beispiel:

Pauline startet jeden Morgen gestresst in den Tag, fast immer beginnt er mit Gebrüll und Streit, was bei drei Kindern eine immense Belastung darstellt. Diese schlechte Atmosphäre verschwindet häufig nicht, sondern beeinflusst den gesamten Tag der Kinder und der Eltern negativ.

Machen Sie sich zunächst die Stressfaktoren Ihres Alltags bewusst. Selbstverständlich können

Faktoren wie Schule und Beruf nicht einfach aus Ihrem Leben gestrichen werden, dies ist auch gar nicht nötig. Doch in den meisten Fällen genügt es, an einigen Schrauben zu drehen, damit das System der Familie insgesamt besser funktioniert.

Pauline reflektiert ihren typischen Morgen, insbesondere die Momente, in denen es zu Streit kommt. Ihre Töchter streiten sich meist darum, wer zuerst das Badezimmer benutzen darf. Zudem läuft das Frühstück hektisch ab, häufig wird ein Glas umgestoßen oder die Milch verschüttet. Die Folge ist, dass die ganze Familie in der Regel unter Zeitdruck steht und nie zu der ursprünglich geplanten Uhrzeit das Haus verlässt. Nun kann sie die Konfliktauslöser vermeiden: Sie hängt einen Plan an die Badezimmertür, jedes Mädchen hat nun genau zehn Minuten. Außerdem stellt sie das Frühstücksgeschirr bereits am Abend bereit, sodass am nächsten Morgen Zeit gespart wird.

Neue Angewohnheiten haben es immer schwer, sich durchzusetzen, insbesondere bei Kindern und Teenagern, die eindeutig Gewohnheitstiere sind. Deshalb sollten Sie nicht entmutigt sein, wenn Ihre Änderungen zu Beginn noch keinen Anklang finden und Ihr Alltag sich noch nicht merklich verändert hat. Im Schnitt dauert es um die dreißig Tage, eine neue Routine oder Angewohnheit zu etablieren. Haben Sie diese Grenze erst einmal überschritten und alle Familienmitglieder sich erfolgreich umgewöhnt, werden Sie die positiven Auswirkungen spüren.

... KONKURRENZ ZWISCHEN GESCHWISTERN HERRSCHT?

Als Eltern sind Sie nicht nur für die Beziehung verantwortlich, die Sie zu Ihrem Kind pflegen, auch Geschwisterbeziehungen können sich durch mangelnde Kommunikation und nicht verarbeitete Gefühle schnell auseinander bewegen oder sogar komplett entzweien. Als Eltern haben Sie die Aufgabe, das komplette soziale Gefüge Ihrer Familie nicht aus dem Blick zu verlieren. Dieses ist vergleichbar mit einem komplexen Ökosystem in der Natur: Wenn das Verhältnis zwischen zwei Elementen, in diesem Fall zweier Menschen, in ein Ungleichgewicht gerät, leidet die ganze Familie an den Auswirkungen.

Ein Beispiel:
Die beinahe gleichaltrigen Schwestern Elena und Laura sind beide im Tanzverein aktiv. Nun eröffnet sich Elena die Möglichkeit, an einem Wettbewerb teilzunehmen, für den sich ihre Schwester nicht

qualifizieren konnte. Dass sich Laura kaum zu Elenas Erfolg äußert und sich immer mehr zurückzieht, fällt ihrer begeisterten Schwester zunächst nicht auf. Dennoch finden gemeinsame Aktivitäten mit der Familie kaum noch statt: Die eine Schwester vermeidet den Kontakt mit der anderen, was diese kaum interessiert.

Eine besonders schwierige Konstellation liegt hier vor. Je ähnlicher zwei Menschen sich sind, desto eher gerät man in Versuchung, diese miteinander zu vergleichen. Insbesondere trifft dies auf Geschwisterkinder gleichen Geschlechts zu, die einen geringen Altersabstand aufweisen. Erschwerend kommt hinzu, dass die Schwestern ein sportliches Hobby teilen, wo Leistungsdruck und Konkurrenz schnell entstehen.

Zu viele Parallelen zwischen den Schwestern haben das Konkurrenzdenken begünstigt, das nun in der aktuellen Situation seinen Ausdruck gefunden hat. Deshalb ist nun zunächst einmal wichtig, unabhängig voneinander mit den beiden Kindern das Gespräch zu suchen. Eine gemeinsame Ansprache würde eher zu einer Eskalation als zu einer Entspannung führen, da zu viele Gefühle noch kein Ventil gefunden haben. Während der Vater mit Elena redet, sucht die Mutter das Gespräch mit Laura. Der Vater macht Elena auf das veränderte Verhalten ihrer Schwester aufmerksam. „Ich bin unheimlich stolz auf deinen Erfolg im Tanzen. Aber ist dir eigentlich aufgefallen, dass die Stimmung bei uns zu Hause in den letzten Tagen ein wenig angespannt war?" Die Mutter hingegen möchte Laura signalisieren, dass sie sich ihr öffnen kann. Auch sie spricht zunächst das veränderte Verhältnis in den letzten Tagen an, bevor sie konkret auf das Konkurrenzdenken zwischen den zwei Schwestern eingeht.

Wichtig ist, dass sich beide Kinder verstanden fühlen. Die Gefühle der einen Schwester sind nicht weniger wert als die der anderen: Beide Kinder haben das Recht darauf, gehört und ernst genommen zu werden. So ist es einerseits wichtig, das Erfolgserlebnis der einen Tochter nicht kleiner zu machen, als es ist. Die positive Erfahrung soll nicht durch den Konflikt in der Familie komplett in den Hintergrund gerückt werden. Stolz ist erlaubt, auch wenn es die Gefühle des Geschwisterkindes zunächst verletzt.

Andererseits ist es für dieses sehr schwer, sich einzugestehen, dass es eifersüchtig ist oder sich minderwertig fühlt. Mit derartigen Gefühlen muss man entsprechend verantwortungsvoll und sensibel umgehen. Machen Sie Ihrem Kind keine Vorwürfe, sondern zeigen Sie Verständnis und danken Sie ihm für seine Offenheit. Erklären Sie ihm aber auch, dass eine Grundhaltung voller Neid und Konkurrenz der Geschwisterbeziehung schadet.

Die Schwestern haben nun zwei Dinge gelernt. Einerseits sind sie sich über ihre eigenen Gefühle im Klaren: Auf der einen Seite Stolz und Selbstbezogenheit, auf der anderen Missgunst und Konkurrenzdenken. Vor allem aber schaffen sie es nun, über den Tellerrand hinauszublicken, also sich selbst und den eigenen Standpunkt nicht mehr absolut zu setzen. Idealerweise schaffen sie es, gleichzeitig die eigenen Empfindungen und die des Gegenübers klar zu betrachten und anzuerkennen.

Nach dieser Phase der Reflexion sind sie bereit, einander offen zu begegnen. Selbstverständlich müssen beide Seiten gewillt sein, das Problem tatsächlich anzugehen und die negativen Gefühle, die sich eingeschlichen haben, zu verarbeiten. Machen Sie sich selbst, aber auch Ihren Kindern das oberste Ziel klar:

• Jeder hier gehört dazu, seine Gefühle sind wertvoll.
• Unserer Familie geht es nur gut, wenn es dem Einzelnen gut geht.
• So schaffen wir eine Atmosphäre, in der wir uns alle wohlfühlen.

• Um das zu erreichen, wollen wir an uns selbst und miteinander arbeiten.

Wichtig ist auch, dass Sie als Eltern keine Partei ergreifen. Es ist menschlich, gelegentlich dem einen Kind mehr recht zu geben als dem anderen. Aber lassen Sie sich nicht von Ihren eigenen Emotionen und Sympathien leiten. Das eine Kind braucht Sie so sehr wie das andere und häufig benötigt das Kind, das zunächst viel launischer oder unkooperativer erscheint, Ihre Unterstützung sogar noch ein klein wenig mehr.

... ICH EINEN FEHLER BEGANGEN HABE?

Eigentlich ist es simpel: Wer etwas falsch macht, der sollte sich entschuldigen. Das ist die Regel, die wir unseren Kindern beibringen. Tatsächlich ist es aber oft der Fall, dass es Eltern schwerfällt, sich bei ihren eigenen Kindern zu entschuldigen.

Ein Beispiel:

Tommy ist ein sehr schreckhaftes Kind. Wegen eines lauten Geräuschs lässt er versehentlich seine Tasse fallen. Sein Vater, der um seine Schreckhaftigkeit weiß, reagiert impulsiv: „Das kann doch nicht sein, du bist schon ein Schulkind und sechs Jahre alt! Kann man denn keine Tasse festhalten?"

Wider besseres Wissen herrscht der Vater seinen Sohn an. Einerseits erwähnt er Tommys Alter, impliziert damit also, dass das Kind eigentlich schon zu alt ist, um derartig schreckhaft zu sein. Dies löst Schuld- und Schamgefühle bei dem Jungen aus, andererseits ignoriert er die Tatsache, dass Tommy die Tasse versehentlich fallen ließ. Selbstverständlich fühlt sich das Kind dadurch ungerecht behandelt.

Kurz nach dem Vorfall wird dem Vater bewusst, dass er Tommy zu Unrecht zurechtgewiesen hat. Es tut ihm leid, in Zukunft möchte er nachsichtiger und geduldiger mit seinem Sohn umgehen. Außerdem weiß er, dass eine Entschuldigung angebracht wäre. Er verspürt jedoch ein merkwürdiges Unwohlsein, als würde sich die Entschuldigung nicht richtig anfühlen. Woran liegt das?

Häufig stecken Eltern noch in alten Verhaltensmustern und Rollenbildern fest, die die Beziehung zum eigenen Kind aber nicht zwangsläufig positiv beeinflussen. Wir halten verkrampft an unserer Autorität fest, an dem Gedanken, dass wir unfehlbare Eltern in den Augen unserer Kinder sein möchten. Insgeheim möchte niemand dieses Bild aufgeben. Doch tatsächlich brauchen Kinder keine perfekten

Eltern, sondern solche, die sich ihre Fehler eingestehen.

- Was hindert mich daran, Entschuldigung zu sagen?
- Was sind meine schlechten Charaktereigenschaften?
- Wann muss ich selbstkritisch sein?

„Tommy, was ich vorhin gesagt habe, das tut mir wirklich leid. Das war nicht nett von mir. Ich weiß, dass du die Tasse versehentlich hast fallen lassen. Das Geräusch, das wir von draußen gehört haben, war auch wirklich laut und blöd. Verzeihst du mir?" Der Vater wartet ab, ob sein Sohn die Entschuldigung annimmt.

Eine aufrichtige Entschuldigung kann nichts ersetzen. Was auch immer Sie zu Ihrem Kind sagen, es muss ehrlich gemeint sein. Kinder haben ein feines Gespür und bemerken bereits sehr gut, was von Herzen kommt.

Tommys Vater schafft es einerseits, sein Fehlverhalten einzugestehen. Andererseits versucht er, seine gesagten Worte wiedergutzumachen, indem er seinen Vorwurf zurücknimmt. Er geht auch auf das laute Geräusch ein, das seinen Sohn geängstigt hat, und validiert so dessen Gefühle. Tommy muss sich nicht für seine Reaktion und seine Schreckhaftigkeit schämen. Mit der letzten Frage gibt der Vater Tommy die Möglichkeit, die Entschuldigung anzunehmen.

Geben Sie Ihrem Kind auch die Möglichkeit, über eine Entschuldigung nachzudenken. Setzen Sie es nicht unter Druck, Ihre Worte augenblicklich annehmen zu müssen, vielleicht benötigt es ein wenig mehr Zeit. „Wenn ich mich schon bei meinem Kind entschuldige, dann soll es die Entschuldigung gefälligst sofort annehmen."

Dieser Satz ist fatal, weil er erneut das hierarchische Denken in der Eltern-Kind-Beziehung betont. Er zeigt einerseits, dass es in unserem Kopf immer noch eine Umkehrung der „normalen" Hierarchie ist, wenn sich ein erwachsener Mensch bei einem Kind entschuldigt. Und wenn er dies schließlich tut, sich dazu „herablässt", erwartet er eine sofortige Annahme der Entschuldigung.

Dies ist aber grundlegend falsch. Wir sorgen für unsere Kinder nach bestem Wissen und Gewissen, wir stellen Regeln auf, wie wir sie für sinnvoll und richtig halten. Doch letztlich stehen wir als Menschen auf einer Ebene mit ihnen und schulden unseren Kindern den Respekt, den wir ebenfalls von ihnen erwarten. Diese Einstellung sollte sich auch unbedingt in der Art unserer Entschuldigungen zeigen. Haben Sie keine Angst, Ihr Gesicht zu verlieren, wenn Sie sich entschuldigen. Ein Elternteil, das die Stärke besitzt, sich bei seinem Kind zu entschuldigen, steigt im Gegenteil in dessen Anerkennung. Es gehört Mut und Charakterstärke zu einer ehrlichen Entschuldigung. Genau diese Eigenschaften können Sie Ihrem Kind mit auf dem Weg geben. Vergessen Sie nicht: Für ein Kind sind die eigenen Eltern immer noch das überzeugendste und naheliegendste Vorbild.

Seien Sie auch nicht entmutigt, wenn Sie Ihren Ansprüchen an sich als Mutter oder Vater nicht genügen. Denken Sie daran: Fehler sind menschlich. Sie sind menschlich. Sie geben jeden Tag Ihr Bestes.

Hilfsmittel im Alltag

Erinnerungshilfen

Eltern sind durchaus nicht fehlerfrei, wie Sie selbst schon am eigenen Leibe erfahren haben. Wie oft erheben wir unsere Stimme, obwohl wir wissen, dass es einerseits den Konflikt bloß verschärft und es uns andererseits gleich danach leidtun wird? Glücklicherweise kann man diesen Kontrollverlust mit einer Erinnerungshilfe verhindern. Beispielsweise können Sie ein Armband in einer leuchtenden Farbe tragen oder sich ein bestimmtes Wort auf den Handrücken schreiben. Ihre Erinnerungshilfe muss auf jeden Fall sichtbar und auffällig sein. Sobald sich ein Konflikt anbahnt und Sie fürchten, dass Sie die Kontrolle verlieren, blicken Sie auf Ihren Arm. Sie erinnern sich daran, dass Sie ruhig und besonnen bleiben werden, dass Sie genau dies schaffen werden. Alternativ können Sie in Ihrer Wohnung auch Bilder oder Figuren von Giraffen verteilen. Achten Sie auch hier darauf, dass die Giraffen nicht zu unauffällig sind und Ihnen tatsächlich ins Auge fallen, wenn es nötig ist. Gerade das Symbol der Giraffe wird Sie an die Giraffensprache Rosenbergs und die mit ihr verbundenen Werte erinnern: ihr langer Hals und ihr großes Herz, also Weitsicht und Empathie.

Wenn Sie glauben, dass Ihnen ein einfaches Symbol nicht ausreicht, können Sie auch Zettel mit zentralen Fragen in Ihrer Wohnung verteilen. Formulieren Sie diese möglichst kurz und prägnant. Die Schlüsselfragen oder auch -sätze müssen nicht unbedingt zu langen Reflexionen einladen. Viel wichtiger ist, dass Sie in einem Moment des drohenden Kontrollverlusts und der Impulsivität wieder an die Prinzipien der gewaltfreien Kommunikation erinnert werden.

- Was verursacht das Anschreien? Wird die Situation dadurch tatsächlich besser?
- Lohnt sich jetzt ein Streit? Werde ich in einer Woche noch an den Vorfall denken?
- Mein Kind wird mit friedlicher Kommunikation aufwachsen.

• Mein Zuhause soll ein Ort der Ruhe und der Harmonie sein.

Zögern Sie nicht, anderen Familienmitgliedern das Konzept zu erläutern. Vielleicht mag es zuerst etwas ungewöhnlich anmuten, ist jedoch ein sehr wirkungsvolles und dabei einfach umzusetzendes Hilfsmittel. Vielleicht lässt sich davon der eine oder andere auch inspirieren und beginnt ebenfalls, ein Armband zu tragen oder auf Ihre Notizzettel zu achten. Es wäre auf jeden Fall ein Gewinn für Ihre Familie!

Achtsamkeitstagebuch

Sie kennen das Prinzip eines Tagebuchs, ob Sie es selbst nutzen oder nicht. Es ist ein schöner Gedanke, am Ende des Tages Ihre Gedanken und Erlebnisse rekapitulieren zu können. Ebenso funktioniert ein Achtsamkeitstagebuch. Schreiben Sie beispielsweise über sich anbahnende Konflikte: Wie haben Sie reagiert? Was hat gut funktioniert, was hätten Sie anders machen können? Visualisieren Sie aber auch Ihre zukünftigen Ziele: Beschreiben Sie, welches Gefühl Sie verspüren möchten, wenn Sie Ihr Zuhause betreten oder wie Ihre Familiendynamik gestaltet sein sollte. Formulieren Sie aber auch unbedingt konkrete Ansprüche an sich selbst: Vielleicht möchten Sie Ihre Abendroutine stressfreier gestalten oder mit mehr Ich-Botschaften kommunizieren.

Dazu eignet sich auch ein sogenannter Habit-Tracker. Für jedes Verhalten, das Sie sich an- oder abgewöhnen wollen, erstellen Sie eine Spalte. Diese enthält den Tagen des jeweiligen Monats entsprechend viele Kästchen. Schaffen Sie und Ihre Familie es beispielsweise, sich an einem Tag an Ihre festgelegte Abendroutine zu halten, setzen Sie ein Häkchen in das entsprechende Kästchen. Im gegenteiligen Fall machen Sie einfach ein Kreuz.

Vergessen Sie jedoch nicht, dass dieser Tracker Ihnen eine Unterstützung sein sollte, keine zusätzliche Belastung. Seine Aufgabe ist es nicht, in Ihnen Schuld- oder Unzulänglichkeitsgefühle auszulösen, wenn Sie mehr Kreuze als Häkchen sehen. Viel eher deckt er unbewusste und automatisierte Verhaltensweisen auf, denen Sie so viel effektiver entgegentreten können.

Doch auch für andere Dinge bietet Ihr Achtsamkeitstagebuch Platz. Sammeln Sie Ihre schönsten Erinnerungen, dazu gehört ein Urlaub ebenso wie ein gemeinsam gebackener Kuchen. Vergessen Sie die kleinen und unscheinbaren Dinge nicht, die das Familienleben bereichern! Durch das Aufschreiben dieser Momente durchleben wir sie ein zweites Mal und empfinden Dankbarkeit und Wertschätzung. Beides geht im Alltag schnell unter. Doch nicht nur die Vergangenheit, auch die Zukunft können Sie mithilfe einer gemeinsamen Bucket-List in Ihr Achtsamkeitstagebuch aufnehmen. Was wollten Sie schon immer einmal gemeinsam mit Ihrer Familie unternehmen? Diese Frage lädt die ganze Familie zu einer Unterhaltung ein.

Auch hier gilt: Unterschätzen Sie nicht die einfachen Unternehmungen. Ein gemeinsamer Spaziergang kann ebenso viele wertvolle Erinnerungen wie ein kostspieliger Urlaub schenken.

Sie können Ihr Achtsamkeitstagebuch genau so gestalten, wie es Ihren Vorstellungen entspricht. Zum Beispiel können Sie auch gemeinsam als Familie daran arbeiten, indem Sie das Buch zentral und griffbereit platzieren. Möglich sind zum Beispiel freie Seiten, auf denen jedes Familienmitglied spontan jene Gedanken aufschreiben kann, die es mit den anderen teilen möchte. Aber selbstverständlich kann das Achtsamkeitstagebuch auch nur Ihnen persönlich als Unterstützung dienen, damit Sie Ihr Ziel nicht aus den Augen verlieren.

Eine Atmosphäre der Harmonie

Versuchen Sie, die Ratschläge dieses Ratgebers auf Ihr gesamtes Leben zu übertragen: Man kann nicht mit seinen Kindern im Reinen sein, wenn man es nicht mit sich selbst und anderen Mitmenschen ist. Es liegt in Ihrer Hand: Sie schaffen sich den Raum, in dem Sie und Ihre Kinder leben werden.

Zuletzt bitte ich Sie, gern auch gemeinsam mit Ihren Kindern oder Ihrem Partner, über die Bedeutung folgender Wörtern nachzudenken. Denken Sie an keine Definitionen, wie sie im Wörterbuch stehen könnten, sondern an persönliche Gedanken,

Erinnerungen und Emotionen. Fokussieren Sie sich einfach darauf, was diese Begriffe für Sie individuell sowie in Ihrer Familie bedeuten. Betrachten Sie die folgende Frage als Einladung zu einem Gespräch, an das Sie in Zukunft immer wieder anknüpfen dürfen, allein mit sich selbst, aber auch gemeinsam.

Was ist
- Achtsamkeit
- Harmonie
- Respekt
- Miteinander
- Kommunikation
- Wertschätzung
für Sie persönlich?

Herstellung und Verlag:
BoD – Books on Demand, Norderstedt
ISBN: 9783753425016

1. Auflage
Kontakt: Psiana eCom UG/ Berumer Str. 44/ 26844 Jemgum
Covergestaltung: Fenna Larsson
Coverfoto: depositphotos.com